AF252521

LETTRE

A MONSIEUR

JULES FAVRE

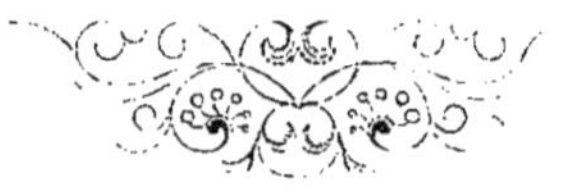

LYON

IMPRIMERIE DU SALUT PUBLIC

BELLON, 33, RUE DE LYON, 33

1871

A MONSIEUR

JULES FAVRE

Monsieur,

Il vous a semblé nécessaire de dominer l'horreur qu'inspire la formidable insurrection de Paris, pour essayer de démêler les causes qui l'ont rendue possible, et vous avez adressé aux agents diplomatiques une circulaire que je résume aussi succinctement que possible.

L'ennemi était aux portes, le devoir de la résistance animait toutes les âmes. Pour le remplir à Paris, il fallut armer sans distinction tous les bras, et sans cette *témérité nécessaire,* l'enceinte eut été franchie au premier choc.

Au 4 septembre, un petit groupe de sectaires avait tenté de profiter de la *la confusion pour s'emparer du pouvoir ;* depuis *ils n'avaient cessé de conspirer.*

Vaincus, le 31 octobre, ils se servirent de *l'impunité* pour se glorifier de leurs crimes et en reprendre l'exécution le 22 janvier.

La reddition de Paris partagea les âmes entre le découragement et la colère. Le déchaînement de la presse et des clubs fut poussé jusqu'aux dernières limites de l'extravagance.

La garde nationale se désagrégea. Un grand nombre de ses membres, chefs et soldats, quittèrent Paris.

Avec une rare habileté, les secrétaires préparèrent une organisation anonyme et occulte qui bientôt se répandit sur la cité tout entière.

C'est par elle que, le 18 mars, ils saisirent le mouvement, qui, d'abord, *semblait n'avoir aucune portée politique.*

La rébellion a succombé. Mais à quel prix, grand Dieu !

L'indignation et le dégoût ne peuvent arrêter les hommes politiques dans l'accomplissement du devoir d'investigation que leur imposent de si extraordinaires forfaits.

Les détester et les punir n'est point assez. Il faut en rechercher le germe et l'extirper.

Plus le mal est grand, plus il est essentiel de s'en rendre compte et de lui opposer la coalisation de tous les gens de bien. Partout il faut provoquer le concours moral des hommes sensés, honnêtes, courageux, qui veulent résolûment restaurer le principe de l'autorité.

Voilà l'exposé des faits et les prémisses ; voyons l'investigation et les conclusions.

La France avait été, par une série de fautes volontaires, jetée en dehors des voies du juste et du vrai.

Paris était dans un état général de prédisposition au désordre.

L'acte et le système du 2 décembre, les travaux à outrance, l'accumalation de trois cent mille travailleurs dans la capitale, l'excitation des jouissances, la fièvre de spéculation, les souffrances de la misère, tout cela avait fait de Paris un vaste foyer de corruption et de désordres, où la moindre étincelle pouvait allumer un incendie.

La guerre fut cette étincelle. Et l'état de Paris fut aggravé dans les proportions les plus menaçantes par *l'anarchie* du siége.

Déshabituée du travail, irritée par le malheur, convaincue de la trahison du gouvernement, la population de Paris a été dominée par la terreur et la fourberie, et associée aux passions et forfaits d'une poignée de fanatiques et de malfaiteurs.

Un des éléments essentiels a été l'action de l'*Internationale*,

L'internationale est une société de guerre et de haine. Elle se déclare *athée*. Elle demande l'abolition de l'hérédité pour les capitaux et les instruments de travail, la rentrée du sol en propriété collective, la substitution de la science à la foi, et de la justice humaine à la justice divine, l'abrogation du mariage...

N'est-il pas urgent de rechercher les causes qui ont permis à de telles erreurs de prendre un si rapide et si funeste empire sur les âmes ?

Ces causes *sont nombreuses et diverses*, et ce n'est pas par les châtiments et la compression seulement qu'on les fera disparaître. *Introduire dans les lois les sévérités* que réclament les nécessités sociales, et *appliquer ces lois sans faiblesses*, c'est une nouveauté à laquelle il faut que la France *se résigne. C'est pour elle une affaire de salut.* Mais elle serait imprudente et coupable si, en même temps, elle ne travaillait pas énergiquement à relever la moralité publique par une saine et forte éducation.

Vous serez heureux, dites-vous en terminant, de recevoir, en échange de ces réflexions, la communication de celles qui seront inspirées soit par les méditations, soit par l'étude des faits.

Je ne suis pas homme politique. Sorti de l'école polytechnique, j'ai eu constamment tout mon temps pris à la construction ou direction d'usines importantes. Je n'ai aucune attache de personnes ou de gouvernement et n'ai d'autre désir que celui de la justice, de la tranquillité et du travail. J'ai vu 1830, 1848 et toutes les évolutions politiques et sociales, sans jamais y prendre la moindre part. J'y ai assisté, comme le riverain assiste aux tempêtes et accalmées de l'Océan. J'ai suivi les divers pilotes qui ont passé à ma vue ; j'ai lu leurs rapports comme je viens de lire le vôtre ; je me sens parfaitement désintéressé et ne sais quoi me pousse à prendre, pour la première fois, la plume politique.

Vous faites appel au concours moral de tous ceux qui veulent résolûment restaurer le principe de l'autorité et énergiquement relever la moralité publique. J'en suis. Vous voulez des réflexions, voici les miennes.

Il y a beaucoup de vrai dans votre rapport, mais aussi beaucoup d'omissions. Vous vous oubliez trop vous-même.

Chacun, dites-vous, interrogeant sa conscience, y trouve le guide supérieur qu'on n'abandonne jamais en vain et auquel tous nous sommes ramenés quand nous l'avons sacrifié à la violence de nos passions.

J'aime vos phrases et celle-ci particulièrement ; mais le résultat de cet examen ?....

> Ne nous flattons donc point, voyons sans indulgence,
> L'état de notre conscience.

disait le Lion au conseil des animaux malades de la peste ; et, malgré la douloureuse gravité des circonstances, votre rapport m'a rappelé ce Conseil et sa conclusion :

.......Haro sur le baudet!

Ce pelé, ce galeux, d'ou venait tout le mal.

— Oui, l'Empire a été fautif, l'Internationale criminelle; mais sont-ce les seuls coupables ?... Et vous, monsieur ? Et les vôtres ?...

— Oui, la presse et les clubs ont fait grand mal ; mais vos discours à la tribune, au barreau et partout ?....

— Oui, des sectaires ont voulu, au 4 septembre, profiter de la confusion pour s'emparer du pouvoir ; mais qui avait fait cette confusion ? vous ! Qui a détruit le dernier lambeau de pouvoir, notre dernière branche de salut ? Vous. Et vous même, qu'avez-vous fait autre chose que de profiter de cette confusion, votre œuvre, pour vous emparer du pouvoir?

Vous ne vouliez pas que l'Empereur commandât l'armée, et vous aviez peut-être raison. Mais vous demandez au ministre de la guerre s'il a reçu des instructions de l'Empereur. — Pas une, répond le ministre, croyant sans doute vous satisfaire ; — Pas une ! vous écriez-vous traîtreusement, je constate alors l'abdication du pouvoir, et nous n'avons plus qu'à en proclamer la déchéance...

Et alors, monsieur, par cet acte que partout on qualifiera de croc-en-jambes, vous avez assumé l'immense responsabilité de faire tomber ce qui restait de l'organisation qui, seule, pouvait nous laisser quelques chances de salut. La chambre a disparu et la République est arrivée. Et tout cela, alors qu'Annibal était aux portes ; alors qu'il fallait tous nous resserer dans un même et patriotique sentiment ; alors qu'il fallait soigneusement éviter tout ce qui pouvait éloigner nos alliances et raviver les défiances de l'Europe !,..

Ce jour-là, Monsieur, vous avez mis votre passion au-dessus de votre conscience, la République au-dessus de la patrie ;

Ce jour-là, vous avez été l'*homme fatal*, le mauvais génie de la France !

On dit que M. de Bismark a écrit à un ancien ministre de l'Empire qu'il n'avait pas trop de sa vie pour demander pardon du mal qu'il avait fait à son pays ; ah ! Monsieur, il vous reste peut-être moins de temps, et vous n'avez pas l'excuse de l'inexpérience et des illusions de jeunesse.

— Oui, c'était nécessité d'armer tous les bras. Mais, si vous appelez cela *témérité* devant l'ennemi, comment l'appeler après le combat ?

Qui a maintenu cet armement ? vous !... alors qu'il n'avait plus de raison d'être ; alors que M. de Bismark, votre maître en politique, voulait le supprimer.

Pourquoi l'avoir maintenu ? vous qui connaissiez si bien les fâcheuses prédispositions de Paris au désordre, vous qui saviez l'incessante conspiration depuis le 4 septembre, vous qui aviez vu le 31 octobre et le 22 janvier ! Pensiez-vous donc encore à la popularité ?

— Oui, les vaincus du 31 octobre ont profité de l'*impunité* pour faire le 22 janvier ; oui, l'état de Paris s'est aggravé par l'*anarchie* du siége. Mais qui a fait cette impunité, cette anarchie ?

D'anciennes attaches ont-elles donc causé cette absence de gouvernement et de répression ?

Vous avez épargné quelques factieux ; vous avez tué l'archevêque, le président de cour et tant d'autres victimes !

Votre faiblesse du 31 octobre a fait le 22 janvier; votre récidive de ce jour a fait les 18 mars et 24 mai; vos injustifiables indulgences ont amené ce que votre plume hésite à retracer : « *les hideuses et sanglantes scènes de cette lamentable tragédie, depuis l'assassinat des généraux Lecomte et Clément Thomas jusqu'aux incendies préparés pour embraser tout Paris, jusqu'à l'abominable et lâche massacre de saintes victimes fusillées dans leurs prisons.* »

— Oui, on a exploité contre votre gouvernement la calomnie de trahison; mais qui a d'abord égaré la population? Qui a fait ces retentissantes et imprudentes proclamations : pas un pouce de terrain! pas une pierre!... Qui, la veille de la capitulation, affichait que jamais le gouverneur de Paris ne capitulerait?

Le grief de trahison était absurde, c'était un moyen; mais toute la partie saine de la population de Paris et toute la France vous reprochent ces décevantes et impolitiques excitations, ces fausses affirmations, et vos incroyables faiblesses devant l'émeute deux fois vaincue, deux fois impunie!

J'arrive à votre appréciation du 18 mars. Ce mouvement vous *a semblé d'abord n'avoir aucune portée politique.*

Eh! quoi; Paris était un vaste foyer où la moindre étincelle devait allumer l'incendie; un *atelier national* qu'il était impossible de licencier sans catastrophe. Paris était condamné à une crise redoutable qui aurait éclaté en pleine paix, et à laquelle la guerre avait donné les caractères d'une horrible convulsion.

Je vous cite textuellement, Monsieur. Et à cela, vous ajoutez avec raison la désuétude du travail, la témérité de l'armement de tous les bras sans distinction, l'irritation du malheur, la croyance aux trahisons, la conspiration permanente du 4 septembre aux 31 octobre et 22 janvier, l'anarchie du siége, les ressources immenses en munitions, en artillerie, en mousqueterie.

Et le 18 mars vous semble n'avoir aucune portée politique!... Et vous êtes ministre!... Et vous vous croyez politique!...

Croyez-moi, retournez au barreau! *Ne sutor ultrà crepidam.*

Ce que vous n'avez pas vu au 18 mars, était prévu de tout le monde dès le 4 septembre. Tout esprit sérieux le pressentait depuis longtemps, à la première défaillance de l'Empire.

Non, en effet, ce n'était plus un simple mouvement politique; c'était bien plus encore : la guerre sociale! c'était le flot de vase que vous aviez soulevé et qui voulait vous engloutir, vous et toutes les institutions.

Et tenez! presqu'en même temps que votre circulaire a paru une lettre de Mgr Dupanloup sur le même sujet; lisez-la :

« Non, non! s'écrie le prélat, c'était profond, effrayant; cela sortait des entrailles mêmes de cette population gangrenée d'irréligion; ce n'était pas ridicule, ni grotesque, comme on disait; ce fut, ce devait être atroce. Et il n'était pas permis de voir là autre chose et de se tromper à ce point sur les doctrines révolutionnaires et impies dont cette multitude était depuis si longtemps abreuvée.

« Il fallait savoir qu'il y avait dans ce Paris des bas-fonds formidables! Et c'étaient ces bas-fonds ténébreux qui s'agitaient et montaient à la surface...

« Car, il faut bien l'entendre, dans toutes nos plus ou moins grandes villes, il y a aussi de ces bas-fonds qui bouillonnent sourdement, et, en temps de révolution, montent et n'attendent que l'occasion pour déborder. »

Voilà, Monsieur, la vraie et trop triste appréciation du 18 mars. Et si l'état matériel des choses s'est modifié, la situation morale ne s'est guère améliorée.

Et maintenant cherchez-en les auteurs et les causes.

Vous citez l'Empire et l'Internationale. Certes, ils y ont leur part, mais d'autres y ont la leur aussi. C'est commode d'avoir pour toutes fautes un bouc émissaire, mais la loyauté et surtout le désir de remédier doivent faire rechercher et dénoncer les causes du mal partout où on les croit trouver.

Sans doute l'Empire a commis de grandes fautes en abaissant le sens moral dans la politique extérieure et intérieure, en mettant dans l'administration l'utopie à la place de l'expérience, en s'appuyant sur une seule classe qui n'était pas son alliée, en démoralisant la nation par les fortunes scandaleuses, et par le faste ruineux qui réveillait toutes les convoitises, tous les sensualismes et excitait toutes les haines.

Sans doute l'Empire a été coupable en s'entourant d'inexpérimentés et imprudents ministres et en faisant une guerre à laquelle il n'était pas prêt.

Mais est-ce bien de propos délibéré qu'il en est venu là? S'il a pris les ministres, qui les lui a présentés? qui l'y a poussé? Sont-ce ceux que vous appelez ses trop dociles approbateurs? Non; c'est l'opposition, et vous en étiez. S'il a fait la guerre, n'y a-t-il pas été entraîné par les aspirations de la nation, par la situation presqu'impossible que lui avait faite l'incessante, inexorable et souvent injuste opposition. Et vous en étiez toujours.

Il y a de ces extrémités auxquelles on est acculé et qu'on subit comme un va-tout. L'Empire s'est jeté dans le danger, espérant peut-être y trouver une dernière chance pour la dynastie, une nouvelle gloire pour la nation. Certes, je ne le justifie pas; mais peuvent-ils bien s'en laver tranquillement les mains ceux qui l'ont amené à cette extrémité, à ce danger, à ce précipice?

L'opposition sous Louis-Philippe (et vous en étiez encore) a-t-elle assez crié contre la paix à tout prix? N'a-t-elle pas eu, sous l'Empire, assez d'excitations et de dédains aux jours de

Sadowa et de Luxembourg? La nation entière ne s'est-elle pas alors sentie humiliée? n'a-t-elle pas désiré, appelé une prochaine revanche? Je ne justifie pas davantage ce sentiment, je constate.

On excite la fibre nationale, on l'irrite à chaque instant; on ameute l'opinion publique contre le gouvernement, et quand celui-ci cède à l'entraînement, on se récrie! Il fait la guerre, vous prêchez la paix; il eut fait la paix, vous eussiez crié à la honte.

Voilà, Monsieur, ce que vous n'avez cessé de faire depuis que vous êtes entré dans la vie publique. Toujours de l'opposition! Toujours du fiel! toujours l'insulte! toujours l'attaque au pouvoir quelqu'il fût, monarchique ou impérial, et quoiqu'il fît, bon ou mauvais.

Dans vos plaidoiries, dans vos discours, à la tribune, au barreau et partout, vous avez fait de l'opposition quand même. Cela vous a donné de faciles et populaires succès, mais cela a fait bien du mal aux pouvoirs, à la nation et à la jeunesse. C'est un fatal et bien contagieux exemple. Vous voulez relever l'éducation et l'autorité que, pendant quarante ans, vous avez constamment abaissées; ah! que vous avez raison! toute votre vie ne suffira pas à réparer le mal que vous avez fait.

J'ai lu dernièrement dans un journal que la tristesse vous avait saisi et que la tribune vous faisait maintenant horreur. Comme je comprendrais ce sentiment! et qu'en effet vos souvenirs et votre douloureuse responsabilité doivent vous peser!

Vous accusez l'Internationale; et certes, vous avez raison. Vous croyez urgent de rechercher les causes qui ont permis à ses erreurs de prendre un si rapide et si funeste empire sur les âmes; et ces causes, ajoutez-vous, sont nombreuses et diverses.

Eh! mon Dieu ; elles sont toutes trouvées! Vous dites le remède, et vous ne pouvez énoncer les causes!... Mais, pour me servir d'une vulgaire expression, elles crèvent les yeux de tout le monde.

Ces causes sont précisément l'abaissement de l'éducation et de l'autorité que vous voulez relever. C'est l'oubli de Dieu ; c'est l'avilissement de tout pouvoir ; c'est l'anéantissement de tout respect ; c'est la négation de toute supériorité dans la religion, dans la nation, dans la famille ; c'est la perte de tout sentiment, de toute conscience. C'est l'athéisme, l'internationalisme, le communisme, le naturalisme, le brutalisme, mis à la place de Dieu, de la patrie, de la famille, de la civilisation et du droit ; c'est l'égoïsme mis à la place du dévouement ; ce sont tous les appétits réveillés, excités et laissés sans frein.

La vertu est-elle donc si facile et si générale même avec ces freins ou préjugés du vieux monde qui s'appellent Dieu et Patrie, honneur et famille? Comment voulez-vous qu'elle se maintienne encore quand tout cela est suranné, écroulé!

Eh! quoi : voilà un demi-siècle qu'on voit les partis s'entre-déchirer ; l'opposition, toujours heureuse, arriver aux popularités, aux honneurs et aux places! Voilà un demi-siècle qu'on ne cesse d'exalter les droits, jamais les devoirs! Depuis un demi-siècle, on abaisse toutes les barrières, on détruit tous les respects, on ridiculise toutes les croyances, on éteint tous les enthousiasmes, on pervertit tous les bons instincts, on exalte toutes les convoitises, on démoralise toutes les consciences, on repousse toute supériorité, on ruine toute discipline, on dénature tous rapports, d'hommes à chefs, de fils à parents, d'ouvriers à patrons, de soldats à officiers ; et on s'étonne, après avoir semé les vents, de récolter les tempêtes!

Vous voulez introduire des sévérités dans les lois ; mais on vous a vu depuis longues années les battre en brèche! Vous êtes parvenu ; aujourd'hui vous voulez conserver ce que vous détruisiez, relever ce que vous démolissiez, mais vos enseignements retentissent encore ! et ceux qui vous ont entendu, ceux qui vous voient arrivé, veulent à leur tour arriver. A leur tour, ils trouvent mauvais ce qui vous semblait mauvais alors et qui vous semble bon aujourd'hui. Vous leur avez montré la voie, ils la suivent. C'est forcé, logique, inexorable !

Ah ! il n'y a qu'à blâmer et oser pour parvenir !... Ah ! il n'y a plus de conscience, de foi, d'autorité ! Eh ! bien, osons, blâmons, jouissons !... Ah ! il n'y a plus de Dieu !... alors tout n'est que convention ! alors...

« Considérant que le vieux monde qui s'écroule était régi par deux morales, la morale naturelle et la morale de la convention ; que si l'une est la sauvegarde de la liberté individuelle, l'autre n'a jamais été qu'une entrave tyrannique mise par les institutions vermoulues au développement de l'humanité dans ses aspirations les plus légitimes ;

« Considérant, enfin qu'à l'égal de tous les êtres de la création, l'homme doit pouvoir, dans l'ordre naturel, se reproduire sans autre loi que celle de la décence publique (et encore, pourquoi cette réserve ?)

« Nous réclamons par la présente :

« 1° Le rétablissement du divorce ;

« 2° La suppression des mariages religieux, et par suite celles des dispenses pour alliances entre proches ;

« 3° L'abolition de la famille, en tant que privilége social ;

« 4° La liberté enfin de contracter mariage entre mère et fils, père et fille, frère et sœur, ce qui était défendu par la morale conventionnelle en question, plutôt dans un prétendu intérêt du mélange des sangs que dans un but exclusivement moral.

« Délibéré en séance de la Commune le 30 germinal an 79 (20 avril 1871.) »

Horreur ! s'écriera-t-on ; — Logique ! vous dis-je.

Ah ! vous démoralisez le peuple, vous tuez son âme ! Son corps répond ! Là où Dieu cesse, que reste-t-il ? La brute ; et la brute veut s'assouvir ! Illogique serait l'athée qui ne rechercherait par tous moyens les jouissances de cette vie !... Puisqu'il n'y en a pas d'autre !

Vous ne tiriez pas les conséquences des doctrines d'impiété, dit avec raison l'évêque d'Orléans ; mais le peuple, lui, les tire avec une logique terrible !... Ah ! malheureuse société française, qui corromps ton peuple, et qui ensuite est obligée de le mitrailler, jusqu'à ce qu'il te mitraille à ton tour, quand donc sortiras-tu de ce cercle fatal ?

La France, dites-vous aussi, subit aujourd'hui la plus cruelle et la plus logique des expiations. Et cette fois, ajoutez-vous, la leçon est tout ensemble si éclatante et si terrible qu'il faudrait une singulière dureté de cœur pour se refuser à en admettre l'évidence.

Eh ! bien donc d'accord ; et tenez :

Vous voulez relever la moralité ! Je vous propose un bel exemple à donner : Descendez du pouvoir ; ne prenez pas d'opulente retraite, qui aux ambassades, qui aux banques, qui aux préfectures ; rentrez simplement dans le silence et l'humilité ; et alors, vous pourrez dire que vous n'êtes monté que pour sauver les épaves des sociétés ; alors vous pourrez efficacement parler de dévouement, de désintéressement, de respect à la loi, de l'autorité, de modération, de simplicité, de moralité.

Vous voulez régénérer la France par une éducation saine et forte !... osez ajouter : et religieuse !

Vous voulez que la France *se résigne* à la *nouveauté* d'introduire des sévérités dans ses lois et d'appliquer ces lois sans faiblesses...

Otez ces mots : *se résigne* et *nouveauté.* Cela sent encore le brûlé.

Oui, la France s'est résignée à entendre ces discours subversifs, à subir cette littérature dissolvante qui a infecté sa jeunesse, mais elle *se réjouira* d'y voir mettre un frein. Elle reviendra avec empressement à ces anciennes et justes dispositions qui vous semblent nouvelles et presque regrettables.

Et quelles sévérités ?... vous n'osez les préciser, tant votre passé vous gêne. Je vais vous les dire :

La société doit se défendre contre ceux qui veulent renverser ses institutions :

L'une d'elles est l'éducation morale et religieuse de sa jeunesse. Donc, au foyer de famille, à la salle d'asile, aux écoles, aux lycées et partout, je veux la moralité et la religion. Et je veux la répression de tout ce qui les attaquera.

Une autre institution est le gouvernement, le *gérant*, le représentant, le tuteur nommé de la société. Je veux que le gouvernement soit fort et respecté ; je veux qu'il soit efficacement protégé contre les attaques systématiques, vengé contre la calomnie et toute agression.

Comment gouverner quand chaque matin et chaque soir une tourbe de rhéteurs, de bas littérateurs, de journalistes dévoyés, de folliculaires, de clubistes, de gens de corde et de sac, harcèlent et énervent le pouvoir, dénigrent tout et vomissent partout la calomnie et l'outrage ?

A Londres, à Washington, essayez d'attaquer la reine ou le président comme on a attaqué tous nos gouvernements successifs, et vous verrez si on ne trouvera pas dans les lois de suffisantes sévérités, qui seront, très-bien et avec beaucoup de raison, appliquées sans faiblesse.

J'admets parfaitement la liberté de loyale discussion, je n'admets pas la licence de calomnie et de diffamation ; je ne l'admets contre personne, à plus forte raison contre le pouvoir qui est tout le monde.

Donc énergique répression de tout écart de presse et de langage contre la morale, contre le gouvernement, contre toute institution sociale ; voilà votre conclusion, complétée à mon sens,... et au vôtre, je crois.

Mettez à la tête de la France n'importe quel gouvernement je lui serai fidèlement soumis, et je veux que tout le monde le soit.

Et maintenant, tirons au moins de tous nos désastres un enseignement pratique.

1830 s'est fait au nom de la liberté de la presse ;

1848 s'est fait au nom de la réforme et de la liberté de réunion ;

1870 s'est fait au nom de la défense de la patrie.

La patrie a été vaincue, morcelée. Vous, le constant apôtre de toutes les libertés, vous voilà amené à réclamer comme condition de salut, l'introduction de sévérités dans les lois, et leur application sans faiblesse. Nous retournons à 1848 et peut-être à 1830.

O France !... singulière cage d'écureuil !

Qu'a donc gagné la France, qu'a gagné le peuple à toutes ces révolutions ? que des ambitieux ont remplacé des ambitieux ; qu'à des ministres ont succédé des ministres et à ceux-ci d'autres, et ainsi successivement. Et le peuple, le laboureur, le commerçant, l'ouvrier...? La terre a-t-elle mieux valu? Le commerce a-t-il prospéré? La journée, la paie, le bonheur ont ils augmenté? Beaucoup de victimes, beaucoup de ruines, beaucoup d'impôts, beaucoup de temps perdu, voilà le résultat le plus clair et le seul !...

Ah ! que du moins la France y gagne donc de se défier de tous ces rhéteurs et ambitieux ; qu'elle se rappelle qu'elle a besoin de repos et de liberté, non de licence.

Et les ouvriers, puissent-ils enfin profiter de l'expérience !

Dans quelques pages écrites en mars 1870 sur les grèves, je dépeignais Assi comme agent politique ; avais-je raison?

« Les véritables coupables, disais-je, ce sont les meneurs, les agitateurs politiques.

« Si les ouvriers savaient toutes les manœuvres, toutes les ambitions dont ils sont les passifs instruments !

« Un mot d'ordre arrive ; il faut agiter, et on les agite, et ils se passionnent !

« Est-ce pour eux et dans leur intérêt cette agitation?

« Non, on se sert d'eux. Avec eux, on fait de l'émotion, du trouble; avec eux on fait de la politique. On a besoin de sonner l'alarme, de battre le rappel; ils sont la cloche et le tambour; on pèse et on bat sur eux.

« Et le tour est fait! L'évolution s'est produite à Paris, une révolution peut-être; une ambition est arrivée à ses fins, une candidature à la députation! Et eux... qu'y ont ils gagné? quelques journées perdues et de la misère ! qu'y a gagné l'industrie? des inquiétudes, l'éloignement des commandes, le chômage et peut-être la déchéance.

« Arrivé à son but, le secret agitateur sera-t-il du moins reconnaissant? Pourra-t-il l'être? Non, à son tour, il devra consolider, conserver ; et il ne le pourra qu'en arrêtant le désordre, qu'en tâchant de rappeler la confiance et le travail, c'est-à-dire d'amener le capital et l'intelligence à vouloir et pouvoir de nouveau s'occuper et occuper les ouvriers. En un mot il s'efforcera de rétablir ce qui aura été détruit. Heureux s'il y parvient! Mais jusque là que de ruines et de douleurs!

« N'est-ce pas là la dernière fin de toutes les agitations, de toutes les émeutes, de toutes les révolutions? »

N'est-ce pas là encore le dernier mot du récent cataclysme politique? Incendies, ruines et massacres, arrêt de tout travail, et enfin, comme conséquence et condition de salut, le retour aux anciennes dispositions, voilà le bilan à ce jour!

Et est-ce fini?...

Voilà, Messieurs, les réflexions que m'a suggérées votre exposé de situation. Je vous ai pris à partie, non par sentiment personnel puisque je n'ai pas l'honneur de vous connaître, mais parce que vous étiez l'auteur du compte-rendu ; parce que vous appeliez les réponses des hommes qui, avec vous, veulent la restauration de l'éducation, de la moralité et de l'autorité ; parce que vous êtes un des chefs illustres de cette opposition constante et systématique, que j'ai toujours blâmée, et à laquelle, selon moi, la France doit tous ses malheurs depuis 40 ans. C'est vous dire que je comprends dans mes observations bien des personnages de votre entourage. Ai-je besoin d'ajouter, qu'en improuvant l'homme-politique, je respecte parfaitement l'homme privé et admire toujours l'avocat qui honore le barreau français.

A. DUBU.

Tarare. 8 juin 1871.

Lyon. — Impr. du *Salut Public*. — Bellon, r. de Lyon, 33.